ORAISON FUNÈBRE

DE SON ÉMINENCE MONSEIGNEUR

LE CARDINAL MORLOT

ARCHEVÊQUE DE PARIS.

S.E. LE CARDINAL F.N.M. MORLOT
ARCHEVÊQUE DE PARIS   Gd AUMier de L'EMPEREUR
Né à Langres.   Décédé à Paris.
28 Décembre 1795.   29 Décembre 1862.

ORAISON FUNÈBRE

DE SON ÉMINENCE MONSEIGNEUR

LE

CARDINAL MORLOT

ARCHEVÊQUE DE PARIS

GRAND AUMONIER DE L'EMPEREUR

PRONONCÉE

DANS L'ÉGLISE MÉTROPOLITAINE DE PARIS

LE 12 FÉVRIER 1863

PAR M. L'ABBÉ FREPPEL

Professeur d'éloquence sacrée à la Sorbonne.

PARIS

LIBRAIRIE D'ADRIEN LE CLERE ET Cie

IMPRIMEURS DE N. S. P. LE PAPE ET DE L'ARCHEVÊCHÉ DE PARIS

Rue Cassette, 29, près Saint-Sulpice.

———

1863

ORAISON FUNÈBRE

DE SON ÉMINENCE MONSEIGNEUR

LE CARDINAL MORLOT

ARCHEVÊQUE DE PARIS

*Beatus servus fidelis et prudens quem
constituit Dominus super familiam
suam.*

Heureux le serviteur fidèle et pruden-
que le Seigneur a établi pour gout
verner sa famille.
(S. MATTH. XXIV, 44, 45.)

EMINENCE, *

MESSEIGNEURS, **

C'est le propre des vertus modestes de grandir
dans le respect des hommes par la mort même, qui
en arrête le cours, et avec le temps, qui semblerait
devoir en effacer le souvenir. Tandis que l'admira-

---

* S. E. le cardinal Donnet, Archevêque de Bordeaux.

** Mgr Devoucoux, Evêque d'Evreux; Mgr Cruice, Evêque de
Marseille; Mgr Nogret, Evêque de Saint-Claude; Mgr Maret, Evêque
de Sura ; Mgr Allouvry, ancien Evêque de Pamiers ; Mgr Alexandre,
coadjuteur du patriarche de Cilicie; Mgr Jansen, vicaire apostolique
de Taïti.

tion se retire peu à peu de tout ce qui n'offrait au regard qu'un éclat passager, elle s'attache sans retour à ces âmes simples et fortes dont la mémoire demeure comme un enseignement. Au lieu de les ensevelir dans l'oubli, la mort devient une révélation de leur grandeur cachée; elle déchire le voile dont s'enveloppait un mérite d'autant plus élevé qu'il s'ignorait lui-même; et la louange, contenue jusqu'alors par les soins que mettait l'humilité à se dérober aux yeux du monde, éclate en un concert unanime de regrets et de bénédictions, qui forment la couronne terrestre des vies saintement écoulées dans la pratique du devoir.

Que vous semble, mes Frères ? n'est-ce point là l'émouvant spectacle dont Paris et la France ont été les témoins il y a quelques semaines ? Une vie s'était prolongée au milieu de nous, une vie d'évêque laborieuse entre toutes, vie paisible et sereine, vie qui ne redoutait rien tant que la renommée ou la gloire, vie, hélas ! trop tôt interrompue par la mort. Eh bien, aux clartés de la mort cette vie s'est illuminée, elle a laissé s'échapper d'elle le parfum de sainteté qu'elle recélait avec un soin si modeste; et cette lumière d'outre-tombe, rejaillissant sur tout le passé, a fait resplendir les trésors de sagesse, de dévouement et de bonté que renfermait l'âme du vénérable Pontife. Et alors, qu'avons-nous vu? qu'avons-nous entendu ? Dans ce siècle, où les grandes dignités rencontrent si souvent l'envie et la contradiction, nous avons entendu la conscience publique se prononcer avec une justice et une fermeté qui l'honorent. En face de cette mort consacrée par la souffrance et couronnant une vie si pleine de mérites, devant ce testament du pauvre, signé de la main d'un Prince de l'Église, devant ce sublime exemple d'abnégation et de désintéressement, nous avons vu, du trône à l'atelier, tout un peuple ému et attendri ; la cité souveraine escortant de son deuil et de ses larmes la dépouille mortelle de son premier Pasteur jusqu'au seuil de l'éternité; pas une voix ne s'élevant contre une mémoire restée sans tache; mille traits généreux volant de bouche en bouche, comme autant de signes révélateurs d'une vie cachée en Dieu; la reconnaissance heureuse de pouvoir rompre un silence que l'humilité l'avait obligée à garder; les pauvres bénissant un bienfaiteur, les grands un conseil et un guide, les prêtres un chef aussi bien-veillant que sage, tous un modèle et un père. Voilà l'éloge funèbre qui est sorti de tous les cœurs, qui est venu se placer sur toutes les lèvres, de telle sorte qu'il ne reste plus à l'orateur, chargé d'un dernier devoir, qu'à se faire l'humble écho de cette voix générale, pour égaler autant que possible la louange aux vertus.

Oui, ô Pontife que nous vénérions comme le père de nos âmes, souffrez qu'aujourd'hui pour la première fois nous ne vous obéissions pas ! Vous aimiez à faire le bien sans bruit ni éclat, et vous espériez sans doute que vos bonnes œuvres resteraient ensevelies dans le silence et dans l'obscurité. Votre modestie vous a trompé : il faut, pour l'édification des âmes, que nous produisions au grand jour une vertu qui aspirait à l'oubli, afin que, nous ayant éclairés par votre parole pendant la vie, vous nous instruisiez encore par vos exemples après la mort.

Quand le Sauveur du monde voulut définir ce grand service des âmes qui s'accomplit depuis dix-huit siècles au milieu des hommes, il résuma en deux mots les qualités qui doivent le distinguer : la fidélité et la prudence. Or ce double caractère, je le retrouve à un haut degré dans le pieux Prélat dont nous pleurons la perte. Il était l'homme de la règle et du devoir : *servus fidelis;* l'homme de la sagesse et de la modération : *servus prudens*. C'était un prêtre selon le cœur de Dieu; c'était un évêque dans le sens le plus évangélique du mot. Ainsi, fidélité sacerdotale dans la pratique du de-voir, prudence épiscopale dans l'exercice de l'au-torité : telle sera la matière de l'éloge que nous consacrons à la mémoire d'Eminentissime et Révé-rendissime Père en Dieu, Monseigneur FRANÇOIS-NICOLAS-MADELEINE MORLOT, Cardinal-Prêtre de la sainte Eglise romaine, Archevêque de Paris, grand Aumônier de l'Empereur et Primicier du Chapitre impérial de Saint-Denis.

I

Ce qui fait la perfection de la vie, c'est moins l'éclat de la vertu que sa continuité. Il n'est pas difficile, à un moment donné, de s'élever au-dessus de soi par un effort de la volonté aidée de la grâce. L'énergie humaine, servie par les circonstances, trouve sans trop de peine ces élans passagers qui la laissent bien vite retomber sur elle-même. Mais la vertu n'est pas le travail d'un jour ni un accident heureux : sa grandeur, comme sa difficulté, réside dans sa persévérance. Un ancien disait : « *Magna res unum hominem agere* : C'est une grande chose que de savoir mettre de l'unité dans sa vie, » surtout lorsqu'il s'agit de l'unité dans le bien. Aussi les belles vies, aux yeux de la foi, ne sont pas celles qui peuvent inscrire sur leurs pages quelques actes dont l'éclat ne rachète pas l'isolement. Avoir été un héros une fois dans sa vie, cela ne suffit pas pour porter au front l'auréole de la sainteté; mais rester constamment l'homme de la règle et du devoir, suivre avec fidélité et jusqu'au bout la voie de l'honneur, reprendre chaque jour sans lassitude ni faiblesse ce pénible labeur d'une âme en lutte avec elle-même, puiser dans le sacrifice de la veille la force d'accomplir celui du lendemain, rattacher une bonne œuvre à l'autre comme les anneaux d'une chaîne, dont chacun se relie à celui qui le précède et soutient celui qui le suit, consommer dans le silence cette immolation lente et prolongée des sens à l'esprit, de la raison à la foi, de l'intérêt au devoir, de la passion à la loi, de la volonté propre à l'autorité, du bien particulier au bien général, de toute l'existence à Dieu : voilà, mes Frères, la vraie perfection de la vie.

Or, cette fidélité d'une vertu qui s'est toujours soutenue à la hauteur du devoir, forme le caractère propre de la vie que je viens ouvrir devant vous, et c'est là sans doute le plus bel éloge que je pourrais en faire. L'Archevêque de Paris n'avait pas trouvé la richesse à côté de son berceau; il lui était réservé de répandre sur sa famille un éclat qu'il n'avait pas reçu d'elle. Mais, à défaut des avantages du rang et de la fortune, Dieu lui fit le don inestimable d'une éducation religieuse. Au milieu des tourmentes politiques qui alors bouleversaient le pays, son enfance s'écoula paisible et pure entre

les exemples d'un père dont l'honnêteté chrétienne
était un héritage domestique, et les leçons d'une
mère dont il reproduisait avec la physionomie la
piété douce et forte. Et ce n'est pas sans motif,
mes Frères, que la Providence, toujours admirable
dans ses voies, voulut faire naître dans une humble condition le plus haut dignitaire de l'Eglise de
France. C'est afin de rappeler à ceux qui seraient
tentés de l'oublier, que le clergé, sorti en majeure
partie des entrailles du peuple, en connaît les
besoins comme il en exprime les vrais sentiments;
que son cœur bat à l'unisson des classes laborieuses,
dont les mâles habitudes se prolongent dans son
sein ; qu'avant d'être appelé à soulager la souffrance, il l'a vue de près, souvent même partagée,
et que, loin de former une caste à part dans le reste
de la nation, il s'identifie par son origine avec ce
qu'il y a de plus vital dans la société, à laquelle il
rend en lumières et en dévouement ce qu'il re-
çoit d'elle en probité et en force.

Après avoir achevé ses études littéraires au col-
lége de Langres, sa ville natale, François-Nicolas
entra au séminaire de Dijon. Jamais vocation ne
fut plus clairement indiquée, ni suivie avec plus de
fidélité. C'était, si je puis m'exprimer de la sorte,

une vraie nature de prêtre, qui offrait au travail
de la grâce un champ tout préparé. Le sacerdoce
répondait si bien aux qualités de cette âme, qu'elle
en avait l'esprit avant même d'en recevoir le caractère; il lui suffisait d'obéir à son attrait pour
trouver sa voie. Tel nous avons vu et admiré l'Archevêque de Paris, tel il était au noviciat du sanctuaire. D'une exactitude scrupuleuse dans les
moindres choses, il s'attachait à chacune comme
si elle eût été la seule, et les embrassait toutes
avec une égale ardeur. Nul ne s'appliquait davantage à étendre à tout l'extérieur de la vie l'ordre
qu'il savait mettre dans sa conscience. Du reste,
cette régularité exemplaire n'avait rien de con-
traint ni d'affecté; elle était l'expression naturelle
d'une âme qui aimait le devoir sans retour sur
elle-même. Comme S. Basile, le jeune clerc ne
cherchait pas à paraître le meilleur, mais à l'être :
non optimus videri, sed esse studebat (1). Aussi
l'estime générale entourait-elle une piété qui éloi-
gnait la critique par sa sincérité; et si ma parole
avait besoin d'être confirmée par un témoignage,
j'en appellerais aux souvenirs du vénérable prêtre

______

(1) *Oraison funèbre de S. Basile*, n° 60.

que le futur Cardinal avait quitté au seuil du séminaire, pour le retrouver plus tard, après de lon-
gues années, parmi les 'membres les plus distin-
gués du sénat de son Eglise (1).

Une vie sacerdotale qui s'annonçait avec ce
caractère de fidélité à la règle et au devoir, pouvait affronter sans crainte l'épreuve du monde,
toujours délicate pour le prêtre qui voit se fermer
derrière lui les portes du pieux asile où sa jeunesse s'était écoulée dans le silence de l'étude et
de la prière. Sublime, mais redoutable position
que celle du prêtre vivant au milieu du monde et
n'étant pas du monde ; étranger aux affaires du
siècle, auquel néanmoins mille liens le rattachent ;
obligé de voir dans chaque famille la sienne propre, sans appartenir à aucune ; redevable à tous et
n'ayant le droit de se refuser à personne ; appelé
à guérir dans les autres des plaies qu'il doit ignorer
en lui-même ; ne demandant à ses semblables
que de connaître leurs souffrances, pour leur laisser leurs plaisirs ; toujours prêt à ouvrir à l'infor-
tune un cœur qu'il tient fermé aux passions ;

(1) M. l'abbé Demerson, chanoine de la métropole de Paris,
condisciple de Mgr Morlot au séminaire de Dijon.

prompt à se rendre où son ministère l'appelle, heureux dans la solitude que sa vocation lui crée ; allant des hommes à Dieu pour lui offrir leurs prières, et de Dieu vers les hommes pour leur annoncer le pardon ; se tenant ainsi entre le temps et l'éternité, le pied sur la terre où s'accomplit sa mission, la face vers le ciel d'où lui viennent la lumière et la force !

Le vicaire de la cathédrale de Dijon avait su allier de bonne heure le recueillement à l'activité ; le zèle qui se rapproche du monde pour lui être utile, et la piété qui s'en éloigne pour ne pas se nuire à elle-même. Quelques années d'enseignement au sein d'une famille qui cherchait dans la vertu une deuxième noblesse, plus haute que la première, avaient été pour lui un heureux apprentissage de la vie du prêtre en contact permanent avec la société. Bientôt toute une ville voulut profiter d'un ministère que nulle fatigue ne lassait, et qui ne se dérobait qu'à l'éloge. C'était à qui s'adresserait aux lumières du jeune prêtre, dont on pouvait dire avec S. Grégoire de Nazianze : « *Canus erat etiam ante canitiem* (1) : Il avait l'expérience

____

(1) S. Grégoire de Nazianze, *Oratio* XLIII, 23.

d'un âge qui n'était pas le sien.» Aussi bien, la nature et la grâce avaient–elles travaillé de concert
à lui assurer une confiance que justifiait son mérite. Simple avec dignité, grave sans roideur, il
avait cette bienveillance qui bannit la crainte
sans provoquer la familiarité. On se sentait à la
fois attiré par tant de douceur et contenu par le
respect qu'inspirait une si grande sévérité de conduite. Les affaires les plus délicates ne le trouvaient pas au–dessous de sa tâche : il mettait à les
traiter cette droiture de caractère et cette rectitude
de jugement qui lui faisaient chercher en toutes
choses la ligne du devoir. Alors déjà sa porte,
comme son cœur, était ouverte à quiconque venait
demander un avis ou exposer un besoin ; mais
bien qu'il se prodiguât sans réserve, il ne se lais–
sait pas envahir. Maître de lui-même et de son
temps, il remplissait à l'heure voulue les obligations
de sa charge, et ne permettait à aucune d'empié–
ter sur l'autre. Il avait d'ailleurs cette rare apti-
tude de se mouvoir avec une égale aisance au
milieu des occupations les plus diverses, sans que
la durée pût lasser sa patience, ni l'interruption
troubler son calme. Une réunion de qualités si
précieuses pour le service des âmes l'indiquait à

l'estime et à la vénération de tous, en sorte qu'on pouvait lui appliquer ce mot d'un Père de l'Eglise : « Placé au rang inférieur de la hiérarchie, il paraissait en occuper le premier par l'autorité de sa vertu : *Etiam si cathedra inferior esset, Ecclesiæ tamen imperium obtinebat* (1). C'est, mes Frères, qu'on trouvait toujours en lui l'homme du devoir, le prêtre fidèle à ses habitudes de prière comme au lendemain de sa consécration, le prêtre qui ne manquait jamais de retremper le matin son âme dans l'oraison, le prêtre qui chaque jour renouvelait son sacrifice avec celui de l'auguste Victime qu'il offrait à Dieu, le prêtre enfin pour qui la cellule du séminaire n'avait fait que changer de place, ou plutôt s'était prolongée au milieu du monde et jusque dans le palais de l'évêque.

Oui, laissez-moi anticiper un instant sur la suite de mon sujet, et, pour vous faire admirer la belle unité de cette vie sacerdotale, en joindre les deux extrémités par le trait qui les rapproche. Trente ans après, la Providence conduisait le vicaire de Dijon sur l'un des siéges les plus importants de la chrétienté ; mais au sein des dignités, qui pour

<hr>

(1) S. Grégoire de Nazianze, *Oratio* XLIII, 33.

2

lui ne sont que des charges, sa vie de prêtre est restée la même, plus laborieuse, mais non moins recueillie. A une heure de la nuit où peu d'hommes interrompent leur sommeil, la lampe de l'Archevêque est l'une des premières qui s'allument dans la capitale. Pour ménager dans autrui des forces qu'il ne craint pas d'épuiser en soi, il se rend à lui-même des services que la plupart demandent à des mains étrangères. C'est le moment où, seul avec Dieu, il épanche son cœur devant Celui dont il tient la place, et qui lui a confié le soin d'un si grand nombre d'âmes. Ces heures enlevées à un repos que tant d'autres eussent jugé nécessaire, ces heures du silence et de la solitude, il avait coutume de les appeler ses heures à lui : car le reste de la journée appartenait à tout le monde. A moins que le devoir ne l'appelle au dehors, la charité le retient à cette place où nous l'avons tous vu. Accessible au moindre comme au plus élevé, il n'a d'autre mesure pour son temps que la convenance de chacun. Interrompu sans cesse, il quitte sa tâche pour la reprendre avec une égalité d'âme que rien n'altère, et sans que l'on puisse découvrir sur cette figure toujours sereine aucune trace de lassitude ni d'ennui. Et pourtant quelle ponctualité dans ce labeur infatigable qui ne connaît pas le retard, ne remet jamais au lendemain l'affaire de la veille, et, pourquoi omettrais-je ces détails intimes? laisse rarement passer plus d'une nuit sur une lettre restée sans réponse ! Il n'y a qu'une trêve aux occupations multiples de cette vie toute pastorale : cette trêve, c'est le moment de la prière, le moment de se rendre à soi-même après s'être donné au prochain, suivant le conseil que S. Bernard adressait au pape Eugène III : *Memento vel interdum reddere teipsum tibi* (1). Sitôt que l'heure est venue où l'Eglise place sur les lèvres de ses ministres ces prières qu'elle distribue le long du jour, comme un aliment spirituel qui se multiplie en se partageant, on voit le pieux Prélat se recueillir à l'instant même, et, cessant de traiter avec les hommes, converser avec Dieu dans le silence de son âme. Ah! je le sais, on cherche de préférence dans la vie des hommes ce qui éclate au dehors, ce qui éblouit et fascine. Trop souvent on mesure le mérite à tel acte retentissant qui a eu le privilége de frapper l'attention, et l'on se tait sur le reste. Pour moi, je l'avoue,

______

(1) S. Bernard, *de Consideratione*, l. I, c. v.

quand je veux voir la grandeur morale là où elle
est en réalité, je cherche la vertu persévérante,
le sacrifice continu, la fidélité au devoir, l'attachement à la règle, la constance dans le bien ac-
compli à toute heure, simplement et sans faste;
et quand je trouve quelque part ces belles choses
de l'âme, j'en remercie Dieu, qui place sous les
yeux du monde de tels exemples, et je me dis à
moi-même : Voilà qui est grand, digne d'admira-
tion et d'éloges; c'est ainsi qu'ont vécu et ce n'est
pas autrement que se font les saints.

La voie des dignités ecclésiastiques s'était
promptement ouverte devant le prêtre que son mérite désignait au choix de ses supérieurs. Mais,
comme à toutes les époques de sa vie, les honneurs venaient au-devant de lui, sans qu'il les
recherchât : *Non honorem prosecutus, sed ab
honore quæsitus* (1). On savait que, n'ayant rien
fait dans le but de les obtenir, il ne négligerait
rien non plus pour s'en montrer digne. C'est
pourquoi tous se félicitaient également, les uns
de le voir à leur tête, et les autres de le comp-
ter parmi leurs membres. Des difficultés qui

____

(1) S. Grégoire de Nazianze, *Oratio* xlii, 27.

venaient de surgir dans le diocèse de Dijon montrèrent bientôt que la voix de la conscience dominait chez lui tout autre sentiment, et qu'il était incapable de dévier de la ligne du devoir, dès l'instant qu'elle lui paraissait nettement tracée. A la suite d'une de nos commotions politiques, un changement survenu au sommet de la hiérarchie avait fait naître des défiances qui pouvaient sembler légitimes au grand nombre. L'administrateur habile qui, depuis longtemps, s'était acquis la confiance des fidèles et du clergé, crut devoir garder dans son attitude une réserve que l'événement ne tarda pas à justifier. Mais, à l'exemple de **S.** Basile agissant dans une circonstance analogue, tout en veillant aux intérêts d'une discipline menacée, il n'oublia pas ce qu'exigeaient les lois de l'obéissance et de l'ordre spirituel : *quid obedientiæ ordinisque spiritualis leges postularent* (1). Il blâmait ce qui était répréhensible, sans dépasser les limites d'une juste déférence ; il déplorait des fautes qu'il eût voulu prévenir, mais dans le seul but d'en empêcher le retour. Une conduite si mesurée et si ferme

---

(1) S. Grégoire de Nazianze, *Oratio* xLiii, 33.

lui valut l'estime de ceux-là mêmes dont l'intrigue avait surpris la bonne foi, et le pouvoir civil, passant à son tour de l'hostilité au respect, se hâta de réparer ses torts en honorant le mérite du digne prêtre qui les lui avait fait comprendre.

Si les desseins de Dieu et le jugement des hommes avaient répondu aux vœux de son cœur, le Cardinal Archevêque de Paris aurait trouvé son bonheur à pouvoir rester au second rang de la hiérarchie sacerdotale. Une humilité sincère, exempte d'affectation, ne lui permettait pas de s'arrêter à des qualités qui n'étaient ignorées que de lui seul. Entretenir avec les âmes ces saintes relations que crée le sacrement du pardon et de la miséricorde, unir sa voix à celles des prêtres d'élite qui remplissent sous les voûtes de nos cathédrales le beau ministère de la prière publique, partager les soins de l'administration sans en avoir l'honneur : telles sont les fonctions auxquelles sa modestie aurait voulu se borner. « Ah ! s'écriait-il sur la chaire épiscopale, en se retournant une dernière fois vers les fidèles de ce diocèse qui était devenu pour lui une seconde patrie, nous aimions à penser que notre vie s'écoulerait et s'achèverait au milieu de vous (1). » Voilà bien ce sentiment si noble et si chrétien qui l'a porté toute sa vie à s'estimer au-dessous de son mérite, et qui devait lui dicter un jour ces lignes, dans lesquelles son âme s'est épanchée avec tout ce qu'elle renfermait de simplicité et de véritable grandeur : « Si je puis me rendre témoignage de n'avoir ni recherché ni désiré aucunement les diverses positions que j'ai occupées, si je puis dire en toute sincérité que j'y ai vécu sans illusions quelconques, je ne dois pas moins reconnaître que, sous aucun rapport, je n'avais rien qui pût motiver ou justifier le choix et les préférences dont j'ai été l'objet (2). » Magnifiques paroles, qui résonnent à l'oreille [du chrétien comme un écho de l'Evangile !.... Mais non, mes Frères, la Providence, qui se plaît à rendre au vrai mérite la justice qu'il se refuse à lui-même, réservait à une portion plus nombreuse du troupeau de Jésus-Christ le spectacle édifiant de cette vie consacrée tout

____

(1) *Mandement de Mgr Morlot, évêque d'Orléans,* à l'occasion de sa prise de possession et de son entrée dans le diocèse.
(2) *Testament de S. Em. le Cardinal Archevêque de Paris.*

entière au service des âmes ; elle nous réservait, à nous qui avons recueilli les derniers fruits d'un apostolat si fécond ; elle réservait à cette grande cité, sur laquelle le monde entier fixe les regards pour y chercher des leçons et un enseignement ; elle nous réservait, dis-je, l'exemple à jamais éloquent d'un Prélat resté simple au milieu des plus hautes dignités, d'un Prince de l'Eglise mort pauvre après avoir consumé en bonnes œuvres les revenus de sa charge ; elle voulait nous montrer quel bien sérieux et durable peut opérer le ministère évangélique, quand il sait allier à une fidélité constante dans la pratique du devoir une sagesse à toute épreuve dans l'exercice de l'autorité.

II

Grande est la fonction du prêtre qui prend le devoir pour la règle de sa vie; plus grande encore la mission de l'évêque qui s'inspire des leçons de la sagesse dans le gouvernement spirituel. Faire mouvoir avec ordre et concert ces légions sacerdotales qui marchent à la conquête des âmes ; diriger vers sa fin cette milice de la foi, qui attend de son chef l'impulsion qu'elle doit suivre ; choisir le terrain propre à ces luttes pacifiques de la vérité contre l'erreur et les passions humaines ; assigner à chaque soldat du Christ, *miles Christi* (1), le poste qui convient à ses aptitudes ; répartir les charges en raison du mérite ; modérer l'impatience des uns, exciter l'ardeur des autres, ranimer les tièdes, encourager les forts, communiquer à tous le feu sacré de l'apostolat ; et, d'un autre côté, joindre à l'autorité d'un chef la bonté d'un père ; dilater son

(1) IIe Epître à Timothée, II, 3.

cœur pour y embrasser tout un peuple ; étudier nuit et jour les besoins des âmes, veiller avec un soin jaloux à leurs intérêts, multiplier les re-, mèdes avec leurs infirmités, se donner à elles tout entier, à chaque instant et sans réserve ; n'être enfin le centre de la doctrine et du pouvoir que pour rester le foyer d'où s'épanchent la lumière, le dévouement et l'amour : quelle mission et quelle responsabilité ! Ah ! je comprends qu'un tel fardeau ait effrayé les saints ; je comprends que les Grégoire de Nazianze, les Basile et les Chrysostome se soient réfugiés dans la solitude, pour se soustraire à une dignité dont l'éclat disparaissait à leurs yeux devant les qualités qu'elle exige et les devoirs qu'elle impose.

S. Ambroise, voulant déterminer ces devoirs et ces qualités, place en première ligne la prudence : *Primus officii fons prudentia est* (1). «Non pas, dit le saint docteur, qu'elle tienne lieu des autres vertus ; mais elle donne à chacune sa juste mesure et les empêche toutes

____

(1) S. Ambroise, *de Officiis ministrorum*, l. I, c. XXVII. — *Omnia igitur operatur prudentia, cum omnibus bonis consortium habet.* (L. II, c. XIV.)

de dégénérer en défauts ou en vices : elle dirige le zèle, éclaire la justice et seconde la charité. » C'est ce que S. Bernard écrivait également au pape Eugène III : « Tout ce qui n'émane pas de la prudence est un acte de témérité, et non un acte de force. Savoir se modérer, c'est se montrer vraiment juste et fort : *Modum tenere, justitia est, fortitudo est* (1). » En s'exprimant de la sorte, l'abbé de Clairvaux ne faisait que reproduire la maxime de S. Basile louée par S. Grégoire de Nazianze : « Ce qu'il y a de meilleur, c'est la mesure en toutes choses : *Modus omnis optimus est* (2). » Ainsi parlait la sagesse de nos Pères dans la foi, et la vie de l'Archevêque de Paris n'a été que le commentaire fidèle de ces leçons inspirées par l'esprit de l'Evangile.

Certes, mes Frères, le zèle épiscopal embrasait l'âme du pontife qui, pour me servir de ses paroles, n'a jamais vu dans les titres dont il était revêtu que des titres de sollicitude et de cha—

______

(1) *Nec fortitudinem, sed temeritatem esse quemlibet ausum quem non parturivit prudentia.* (S. BERNARD, *de Consideratione*, l. I, c. VIII.)

(2) S. Grégoire de Nazianze, *Orat.* XLIII, 60.

rité (1). A peine élevé sur le siége des Euverte et des Aignan, il marque son court passage par une série d'actes dont Orléans a gardé le souvenir. En recevant la charge pastorale de mains affaiblies par l'âge, il se hâte de parcourir les villes et les campagnes, pour y répandre avec les dons spirituels la semence de la parole sainte. Il accomplit en deux ans la visite générale de ce vaste diocèse, sans priver une seule paroisse de la présence ni des bénédictions de son premier pasteur. Pour offrir au clergé une garantie précieuse contre la surprise et la précipitation, il établit le tribunal de l'officialité, dont les sages lenteurs n'affaiblissent en rien l'action de la justice, qu'elles modèrent dans son cours. Cette activité vigilante, il la porte jusque dans les choses extérieures du culte : et la cathédrale d'Orléans lui devra l'initiative des travaux qui ont rendu cette belle basilique à sa splendeur primitive. Non, rien de ce qui était propre à rehausser la majesté du lieu saint ne semblait indifférent au pieux Prélat, qui pouvait, lui aussi, s'écrier

---

(1) *Mandement de Mgr Morlot, évêque d'Orléans,* à l'occasion de sa prise de possession.

avec le Psalmiste : « *Dilexi, Domine, decorem domus tuæ* (1) : J'ai aimé, Seigneur, la beauté de votre maison. » Hélas ! ce magnifique temple où nous sommes, il ne devait plus le revoir, et à l'instant même où son cœur allait jouir d'une restauration appelée par tant de vœux, la mort est venue l'enlever à notre affection filiale..... A Tours, où la Providence le conduit pour lui transmettre l'héritage de S. Gatien et de S. Martin, je le vois qui se prodigue avec une ardeur toujours croissante, mène de front les occupations les plus multipliées, surveille jusque dans les moindres détails l'exercice du ministère pastoral, organise ces écoles de science et de piété où la jeunesse cléricale est formée à l'ombre du sanctuaire, exhorte sans relâche les ministres de l'Evangile à venir se renouveler par intervalles dans les lumières de l'étude commune ou dans le silence de la retraite, assure une existence honorable aux invalides et aux vétérans du sacerdoce, ouvre à toutes les carrières une maison d'éducation où l'esprit religieux pénètre les diverses branches du savoir

_____

(1) Ps. xxv, 8.

humain, et, au milieu des temples qui se réparent de tous côtés ou s'érigent à sa voix, sauve de la ruine et rend au culte cette majestueuse église de Saint-Julien de Tours, l'un des fleurons de l'art chrétien dans notre pays. Son digne successeur sur la chaire de S. Martin ne me démentira pas, si je fais remonter à l'illustre Cardinal la première pensée du monument qu'il convie la France entière à élever en l'honneur du Thaumaturge des Gaules (1).

Mais pourquoi m'arrêter à ces témoignages étrangers d'un zèle qui s'est déployé sous nos yeux, et dont nous-mêmes, mes Frères, avons été l'objet ? Depuis le moment où la voix publique, devançant le choix de l'autorité, porta l'Archevêque de Tours sur le siége de Paris, la vie de notre bien-aimé Pontife n'a été qu'un sacrifice

---

(1) « Si nous en croyons un pressentiment intime et cher, un jour, bientôt peut-être, la Religion n'aura plus à pleurer sur des décombres; nous rassemblerons les pierres dispersées du sanctuaire ; il ne sera pas dit que nous avons tout laissé périr, jusqu'aux ruines...

« Le Pontife que nous révérons, recevra parmi nous des hommages plus solennels encore ; son culte reprendra, s'il est possible, un nouvel éclat et une nouvelle vie. » (*Lettre pastorale de Mgr Morlot, archevêque de Tours*, à l'occasion de son installation et de son entrée dans le diocèse.)

continuel aux obligations de sa charge. A l'aspect
de cette ville immense, devenue le théâtre de son
activité apostolique, il s'était écrié, comme S. Paul:
« Je donnerai tout ce que j'ai et je me donnerai
encore moi-même pour le salut de vos âmes :
*Impendam et superimpendar ipse pro animabus
vestris* (1). » Qui jamais a plus payé de sa personne
dans l'exercice des fonctions pastorales ? qui
jamais a moins su se refuser, je ne dirai pas à
un devoir, mais au simple désir de quiconque
venait lui demander le concours de sa présence
et de sa parole ? Il présidait à tout, et on le voyait
partout. Tournées de confirmation, solennités
paroissiales, associations charitables, réunions
d'ouvriers, conférences du clergé, visites d'écoles,
de crèches, d'asiles, tout, jusqu'aux assemblées
de l'Etat et aux conseils de la Couronne, trouvait
place dans ces journées qui ne connaissaient pas
le repos. Oui, je le dis avec un sentiment d'ad-
miration profonde, quand je parcours ces six années d'un épiscopat laborieux s'il en fut jamais,
je reste frappé de la puissance de dévouement
que renfermait cette âme vraiment sacerdotale.

____

(1) IIe Epître aux Corinthiens, xii, 15.

En vain l'engageait-on à ménager ses forces :
« Lorsqu'on n'a que soi-même à donner, répondait-il avec cette touchante simplicité qui lui était propre, il ne faut rien se réserver et tout livrer de grand cœur. — On n'est pas évêque en telle ou telle mesure, pour tel ou tel devoir : on l'est pour tout et pour tous. — Quand je n'en pourrai plus, je m'arrêterai, et ce sera fini. » Voilà, mes Frères, le langage d'un martyr du devoir, qui se révèle dans des paroles aussi grandes que ses actes.

La prudence chrétienne n'a donc rien qui étouffe le zèle, qu'elle se borne à diriger vers le bien et à préserver de tout écart funeste. En tenant le drapeau de la foi haut et ferme, l'Archevêque de Paris se gardait bien de l'engager dans des entreprises téméraires ou inconsidérées. Il pesait ses actes dans la balance du sanctuaire, et ne jugeait des choses que par leurs rapports avec le salut des âmes. Renfermé dans les devoirs de son ministère, il se plaçait en dehors et au-dessus des partis qui divisent l'opinion, se considérant avec raison comme le père et le pasteur de tous. Ce n'était pas qu'il prétendît concilier entre eux des principes qui se repoussent ; mais,

tout en n'admettant nulle transaction avec l'erreur, il se rappelait que la vérité ne perd aucun
de ses droits en laissant à la charité tous les siens.
C'est pourquoi il évitait avec un soin extrême tout
ce qui est de nature à blesser ou à aigrir les
âmes, préférant demander à une sage indulgence
ce qu'il n'aurait pu obtenir d'une sévérité exces-
sive. Il avait appris de S. Jean Chrysostome que
ce n'est pas la contrainte, mais la persuasion
qui doit seule opérer le retour des esprits au vrai
et au bien (1). Certes, tout le monde lui rendra
cette justice, nul n'était plus éloigné de cet esprit de domination que l'Evangile bannit du
service des âmes (2) ; nul n'a moins songé à
faire sentir à ses subordonnés le poids de son
autorité ; et chaque fois, par exemple, qu'il s'est
élevé un débat entre les enfants ou les défenseurs
de la même Eglise, il a su se montrer équitable
envers tous, sans être rigoureux pour aucun. Mais
il aimait aussi à retrouver dans les autres cette

(1) *Hic autem non vi adactum, sed persuasum hujusmodi hominem
oportet ad meliorem frugem revocare.* (S. JEAN CHRYSOSTOME, *Traité
du Sacerdoce,* l. II, c. III.)

(2) *Principes gentium dominantur eorum; non ita erit inter vos.*
(Matth. xx, 25.) — *Non ut dominantes in cleris.* (I Petr., v, 5.)

modération chrétienne qu'il pratiquait lui-même. Tacite disait d'Agricola : « Il a vaincu la plus grande difficulté, celle de ne pas outrer la sagesse (1); » et l'apôtre S. Paul, voulant contenir le zèle dans une juste mesure, écrivait aux Romains : « Soyez sages avec sobriété (2). » Fidèle à ces maximes, le Cardinal blâmait également, avec S. Grégoire de Nazianze, les ardeurs irréfléchies qui compromettent la vérité, et les molles complaisances qui en font déserter la cause (3). C'est ainsi qu'en soutenant les principes sans heurter les personnes, il puisait dans sa modération même le droit de se faire écouter. On déférait à ses avis, parce qu'on savait que la passion n'entrait pour rien dans une conduite dont le devoir était la seule règle. Tel, qu'un zèle indiscret aurait tenu éloigné de la religion, se sentait ramené vers elle par une parole dont

(1) *Retinuit, quod est difficillimum, ex sapientia modum.* (TACITE, *Vie d'Agricola.*)

(2) *Non plus sapere quam oportet, sed sapere ad sobrietatem.* (Epître aux Romains, XII, 3.)

(3) *Æque enim inutiles sunt iners ac supina egnities, et imperitus fervor : illa ad bonum minime accedens, hic utem ulterius cadens.* (S. GRÉGOIRE DE NAZIANZE, *de Moderatione in disputationibus, Oratio* XXXII, 6.)

la sagesse et la bonté trouvaient le chemin des cœurs. Il y avait, d'ailleurs, dans cette nature si bien équilibrée, un ensemble de qualités qui la rendaient éminemment propre au gouvernement des âmes. Doué d'un sens ferme et droit, l'Archevêque de Paris joignait à un tact sûr ce discernement qui saisit le point précis et délicat dans les affaires ; cette souplesse d'esprit qui permet de tourner l'obstacle qu'on ne peut renverser ; cette activité patiente qui ne précipite rien, mais sait attendre du temps ce que les circonstances lui refusent ; cette retenue de langage qui conserve à la parole sa franchise et à l'action sa liberté ; ce calme et ce sang-froid de l'homme public qui cherche à éloigner les difficultés, sans se laisser toutefois déconcerter par elles ; cette justesse de coup d'œil qui fait découvrir aisément dans les âmes le côté par lequel chacune est accessible aux influences morales. Une telle sagesse lui a valu de pouvoir traverser les temps les plus difficiles, sans que nul incident fâcheux soit venu entraver le bien qu'il opérait par une administration exempte à la fois de violence et de faiblesse.

Ce don du conseil, si nécessaire pour l'exercice

de l'autorité spirituelle, n'a pas manqué davantage à notre vénéré Pontife dans la part qu'il lui était réservé de prendre aux affaires générales de l'Eglise. Là encore je retrouve le trait caractéristique de sa vie, la prudence jointe au zèle, la fermeté dans la modération. Tout en respectant les droits de l'Etat, suivant le précepte de l'Apôtre, il n'oubliait pas, avec S. Anselme, «que Dieu n'aime rien tant sur la terre que la liberté de son Eglise : *Nihil magis diligit Deus in hoc mundo quam libertatem Ecclesiæ suæ* (1). » Quel ne fut pas son bonheur lorsque, sur le siége de Tours, il put réunir en concile les évêques de sa province, «pour renouer, disait-il, la chaîne de ces antiques institutions, si chères à la tradition chrétienne et si longtemps interrompues parmi nous!» Avec quel sentiment de tendre vénération il saluait, à cette occasion, dans la chaire de S. Pierre, « la source incorruptible de la vraie foi (2)! » Avec quel empressement il se hâta de répondre aux vœux du Souverain Pontife, en rétablissant dans son diocèse

(1) S. Anselme, *Ep.* iv, 9.
(2) *Mandement de Mgr Morlot, archevêque de Tours,* pour le Carême de 1850.

la liturgie de l'Eglise mère et maîtresse de toutes
les autres! Puis, quand des événements désas-
treux vinrent plonger le monde catholique dans le
deuil, l'Archevêque de Tours éleva la voix à la
première nouvelle des attentats dont Rome était
devenue le théâtre. Quel accent de tristesse profonde dans les pages où il reprochait à des sujets
égarés leur ingratitude envers le Pontife-Roi, dont
la noble initiative avait prévenu leurs désirs!
Quelle sollicitude filiale dans l'appel réitéré qu'il
adressait aux fidèles pour subvenir aux besoins de
l'auguste exilé! Avec quelle effusion de joie il cé-
lébrait le retour de Pie IX dans la Ville éter-
nelle (1)! Et enfin, lorsqu'à une époque plus rap-
prochée de nous, des entreprises non moins cou-
pables menaçaient l'œuvre de restauration si glo-
rieusement accomplie par la France, nous avons
entendu l'éminent Prélat flétrir avec énergie des
spoliations iniques, revendiquer hautement les
droits temporels du Saint-Siége dans leur inté-
grité ; nous l'avons vu déposer aux pieds du Père
commun des fidèles, avec nos douloureuses sym-

(1) *Lettres pastorales* du 30 novembre 1848, du 15 janvier 1849,
du 22 avril 1850.

pathies, l'expression d'un attachement inalté-
rable. Ah! qui dira tout le bien qu'a produit dans
la suite ce que S. Ambroise appelait un silence
plein d'activité, *silentium negotiosum* (1), des conseils acceptés avec d'autant moins de peine qu'ils
étaient donnés avec plus de modestie, et qu'un
dévouement éprouvé ne permettait pas d'en sus-
pecter la sincérité? Trouvant dans le passé un
gage sûr de l'avenir, le Cardinal aimait à se per-
suader que la fille aînée de l'Eglise ne trahirait
point sa mission traditionnelle; il savait que le
Prince généreux qui avait ramené le Saint–Père
sur son trône, ne l'abandonnerait pas aux mains
de ses ennemis. C'est pourquoi, ne séparant pas
son zèle pour l'Eglise de ses devoirs envers sa patrie et son souverain, il espérait alors même qu'on
aurait pu craindre; il avait confiance, et sa confiance n'a pas été trompée. Ici, mes Frères, il ne
me reste plus qu'à m'effacer derrière un témoignage qui domine tous les autres, celui du Chef
de l'Eglise proclamant dans une lettre, restée pour
nous une gloire et une force, que l'Archevêque de
Paris et son clergé ne l'ont cédé à personne en

______

(1) S. Ambroise, *de Officiis ministrorum*, l. I, c. iii.

zèle, en fermeté, en véritable dévouement au Siége apostolique (1).

Dieu, qui veille aux destinées de son Eglise, varie ses dons suivant la mission qu'il confie à chacun. Je la comparais tout à l'heure à une armée rangée en bataille, suivant l'expression de nos Livres saints : *acies castrorum ordinata* (2). Il en résulte que dans cette grande armée du bien qui s'avance à travers les siècles, il y a des postes d'honneur pour tous les dévouements; il y a des sentinelles qui poussent le cri d'alarme à la vue de l'ennemi, comme il y a des chefs dont la contenance ferme et sage rassure le soldat; il y a les Josués qui combattent dans la plaine, et il y a les Moïses qui prient sur la montagne; il y a les Gédéons toujours prêts à tirer le glaive pour descendre dans la lice, et il y a les Samuëls dont on peut dire avec l'Esprit-Saint qu'aucune de leurs paroles ne tombe à terre (3); il y a les Phinéès dont le zèle éclate en traits de feu, et il y a les Onias dont leurs ad-

(1) *Bref du* 25 *octobre* 1862, adressé à son Em. le Cardinal Archevêque de Paris.

(2) Cantiq. VI, 3.

(3) *Non cecidit ex omnibus verbis ejus in terram.* (Ier livre des Rois, III, 19.)

versaires mêmes admirent la sagesse et la modération, *sobrietatem et modestiam* (1). Aux initiatives
courageuses succèdent les fortes résistances; à
côté de l'ardeur qui se porte en avant, vient se
placer la prudence qui ralentit la marche; tel est
plus prompt à engager la lutte, tel autre plus
propre à rétablir la paix; et c'est de l'alliance de
ces qualités tempérées l'une par l'autre que naît
dans le monde moral l'équilibre des forces. S. Paul
l'avait dit en expliquant cette loi du gouvernement
divin : Dieu a bien fait toutes choses : chacun re-
çoit de lui son don particulier, suivant lequel il
doit agir : *alius quidem sic, alius vero sic.* A l'un le
don de parler avec science, à l'autre celui de
parler avec sagesse; ici la prophétie et l'interpré-
tation de la doctrine, là le discernement des esprits et l'art de gouverner : *discretio spirituum,
gubernationes.* Or, c'est un seul et même Esprit
qui opère toutes ces choses, distribuant à chacun
selon qu'il lui plaît; et cette variété d'attributions,
loin de nuire à l'unité de la fin, produit l'harmo-
nie de ce corps immense, dont les membres ap-
pliqués à des fonctions diverses demeurent insé-

(1) II Machab., iv, 37.

parablement unis pour la défense de la même foi et dans les liens d'une mutuelle charité (1).

C'est la charité, en effet, qui bannissait du cœur de l'Archevêque de Paris tout sentiment de violence ou d'aigreur, toute défiance injuste; c'est elle qui lui inspirait ces ménagements pleins de délicatesse dont il avait le secret. Il était de ceux qui, selon la remarque d'un Père de l'Eglise, ne croient pas facilement le mal, parce qu'ils sont incapables de le commettre : *Non facile de alio malum suspicatur, qui non facile ad malum impellitur* (2). Du reste, il n'ignorait point qu'il y a souvent plus d'avantage pour le bien à savoir réserver une cause à propos, qu'à vouloir en brusquer la décision par une démarche prématurée. Cette bienveillance, qui faisait le fond de son âme, s'élevait jusqu'au sacrifice en face de la souffrance et de la pauvreté. Ah! je le sens, mes Frères, vous attendez de moi avec une impatience légitime que j'ajoute au tableau d'une si grande vertu le trait qui l'achève. Il n'y avait qu'un point sur lequel notre Père dans la foi ne

(1) *Alii datur sermo sapientiæ, alii autem sermo scientiæ... æmulamini spiritualia, sectamini charatatem.* (Epître aux Romains, xii, 4 et suiv.; Iʳᵉ aux Corinthiens, vii, 7 ; xii, 4 et suiv.

(2) S. Grégoire de Nazianze, *Oratio* xii, nº 3.

connût pas de mesure : c'est quand il s'agissait de secourir ses enfants malheureux. Alors son cœur se dilatait avec une générosité sans limites. A l'époque peu éloignée de nous où une cruelle épidémie exerçait ses ravages dans quelques-unes de nos provinces, on avait vu l'Archevêque de Tours passer des journées entières à visiter les hôpitaux, se transporter de préférence là où le danger était plus imminent, aller d'un lit à l'autre prodiguant aux malades ses consolations, s'étendre à terre, à l'exemple de S. Charles Borromée, pour se rapprocher des moribonds et recevoir leurs derniers aveux. A peine le fléau s'était-il éloigné, que la Touraine voyait fondre sur elle une de ces calamités devant lesquelles, comme disait Bossuet, les mains tombent aux peuples de douleur et d'étonnement. Le fleuve qui répand la fertilité à travers ces riches contrées, venait de se changer en une mer furieuse, dont les flots, inondant les campagnes, menaçaient de submerger la ville elle-même. Au cri d'alarme qui part de toutes les poitrines, le Cardinal accourt l'un des premiers sur le lieu du désastre ; sans hésiter un instant, il met la main à l'œuvre. A la vue d'un Prince de l'Eglise travaillant comme le plus humble ouvrier, clergé et

peuple, tous rivalisent d'ardeur ; la digue, qui allait
se rompre, est consolidée, et la ville sauvée d'une
destruction certaine. Le péril écarté, il fallait
pourvoir aux besoins immédiats de tant d'infortu-
nés manquant de pain et d'abri. L'Archevêque
ouvre à un grand nombre d'entre eux les portes
de son palais, les loge, les nourrit, leur distribue
tout ce qu'il possède, et cela simplement, sans
faste ni ostentation, mais aussi sans pouvoir échapper aux bénédictions de son troupeau ni à l'admi-
ration de la France entière.

Je devrais maintenant suivre le saint Prélat sur
un autre théâtre et le montrer exerçant au milieu
de cette grande capitale l'apostolat de la charité.
Mais ici, mes Frères, vos souvenirs devancent ma
parole, et ce que la voix publique proclame depuis
six semaines efface tout ce que je pourrais en dire.
Sans doute, nous connaissions une partie des lar-
gesses que faisait ce véritable père des pauvres :
nous savions que son cœur généreux ne pouvait
se résoudre à un refus, que nul ne s'adressait en
vain à sa libéralité, que toutes les œuvres charitables trouvaient en lui un bienfaiteur, celles-là
surtout qui intéressent les classes ouvrières, comme
cette magnifique institution de Saint-Nicolas, qui

rend à la capitale, honnêtes et purs, des milliers
d'enfants qu'elle enlève chaque année à la misère
et au vice; nous savions qu'il ne présidait jamais
aucune réunion de ce genre sans glisser une large
offrande dans la main de ces pieuses chrétiennes
qui se font de la charité un privilége de leur rang ,
et que le revenu de sa haute charge civile passait
tout entier aux mains de cette société de Saint-
Vincent de Paul, à laquelle il rendait naguère un
hommage si éclatant et si bien mérité; nous savions
également que cette grande humilité laissait ignorer à la main gauche ce que faisait la main droite,
qu'elle mettait à se cacher des délicatesses qui con-
servaient au malheur toute sa dignité et à l'au-
mône son vrai mérite; dès lors nous pensions bien
qu'il y avait là des mystères de dévouement et de
bonté que la modestie couvrait d'un voile impéné-
trable.... Et cependant nul ne soupçonnait encore
jusqu'où allait cette charité à peine entrevue : nous
ignorions qu'elle ne se réservait rien à elle-même,
qu'elle s'imposait une vie sobre et dure pour
augmenter la part des pauvres, que dans son ardeur à se dépouiller des ressources du présent elle
s'en remettait à la Providence du soin d'assurer le
lendemain, et qu'un jour la surprendrait où, ayant

donné tout ce qu'elle avait et même ce qu'elle n'avait pas encore, elle ne laisserait pas de quoi lui rendre les derniers honneurs ! Ce que l'humilité nous cachait avec tant de soin, la mort, cette révélatrice des grandes vies, est venue nous l'apprendre, suivant ces paroles de la sainte Ecriture : « Les œuvres de l'homme se dévoilent dans sa fin : *In fine hominis denudatio operum illius* (1). » Oui, j'aime à lire ce testament, image de sa vie, où le grand archevêque de Constantinople, S. Grégoire de Nazianze, lègue tous ses biens aux pauvres de sa ville natale : cela me touche, cela m'attendrit ; mais quand je parcours ces pages, si éloquentes dans leur simplicité, où l'Archevêque de Paris déclare « que les charges attachées à ses diverses positions ne lui ont jamais permis de faire ni épargnes ni économies, qu'on ne trouvera dans sa succession que ce qui est indispensable aux frais de sa sépulture, » ces lignes, écrites avec le cœur, où il semble en quelque sorte demander pardon à sa famille de ce qu'il ne lui laisse rien, parce que les pauvres avaient tout absorbé : oh ! alors cette vie cachée en Dieu se découvre à mes yeux avec son

______

(1) Ecclésiastique, xi, 29.

caractère de grandeur surnaturelle ; l'Evangile lui-même s'illumine pour moi aux clartés d'un sacrifice qui m'en fait comprendre l'esprit, en même temps qu'il en démontre la divine fécondité.

O Eglise de Paris, Dieu a opéré pour toi de grandes choses à notre époque ; il a fait descendre de ta chaire épiscopale des enseignements qui remplissent le monde. Il n'y a pas encore un quart de siècle, l'un de tes pontifes mourait après avoir vécu errant et fugitif au milieu de son propre troupeau, n'ayant pas où reposer sa tête, à l'exemple de son divin Maître ; il mourait, le noble vieillard, l'oubli et le pardon sur les lèvres. Peu de temps après, son successeur tombait au plus fort de nos discordes civiles, martyr de la religion et de la patrie, en jetant vers le ciel ce cri du sacrifice : « Que mon sang soit le dernier versé ! » Dix ans ne s'étaient point passés, un prélat, dont le doux souvenir vit encore dans nos cœurs, expirait en appelant la miséricorde de Dieu et la clémence des hommes sur le parricide dont la main s'était levée contre lui... Mais non, ce n'était pas assez pour ta gloire, ô Eglise de Paris, que ces trois saintes figures du pontife persécuté, du pontife martyr, du pontife victime ; il fallait, pour faire resplendir à ton sommet le sacrifice sous toutes ses formes, il fallait la touchante image du pontife mort pauvre après une vie toute d'abnégation et de charité. Grande leçon pour nous, prêtres, à qui ce désintéressement rappelle que nous appartenons entièrement à nos frères; leçon salutaire pour vous, Chrétiens, qui par là devez apprendre à vous détacher des choses de ce monde ; leçon éloquente pour ce siècle, où la recherche passionnée des biens de la terre fait négliger à tant d'hommes les intérêts de leur âme ; leçon que répéteront à vos enfants ceux qui après nous monteront dans cette chaire ; leçon qui vivra autant que la mémoire de l'illustre Cardinal dont elle résume les vertus, source de son mérite devant Dieu et principe de sa grandeur aux yeux des hommes !

Oui, ô Pontife à jamais vénéré, nous graverons dans nos cœurs les leçons qui ressortent pour nous de votre vie et de votre mort. Hélas! nous aimions à penser que Dieu vous conserverait longtemps encore à notre affection filiale, en continuant à nous laisser jouir de votre direction si sage, si bienveillante, si paternelle. La Providence en a décidé autrement : elle a voulu hâter pour vous l'heure de la récompense. Car, nous en avons le ferme espoir, en place d'un père qu'elle enlève à notre amour, elle nous donne un protecteur dans le ciel, qui achèvera par ses prières l'œuvre à laquelle il s'était dévoué ici-bas. Ah! du moins, vous ne nous quittez pas tout entier. Non-seulement vos vertus nous restent comme un souvenir fécond, mais de plus elles vont se reproduire sous nos yeux dans l'héritier de votre dignité. Semblable au prophète Elie, avant de vous éloigner de nous, vous avez laissé votre esprit à un autre Elisée, qui, revêtu de votre charge, comme il l'était de votre confiance, fera revivre au milieu de nous votre fidélité dans l'accomplissement du devoir, et votre sagesse dans l'exercice de l'autorité. En le voyant à notre tête, c'est vous encore que nous croirons retrouver en lui. Pasteur et troupeau, tous s'efforceront de marcher dans la voie que vous leur avez si noblement tracée, en s'inspirant d'une mémoire qui demeurera comme un honneur pour le siége de Paris, pour la France, pour l'Eglise. Ainsi soit-il!

PARIS. — IMP. ADRIEN LE CLERE, RUE CASSETTE, 29.